DISCOURS

Prononcé aux *Champs Elisées*, pour l'inauguration des bustes de LEPELLETIER et MARAT, devant les membres nommés par la Convention, le département, toutes les autorités constituées et les sociétés populaires, pour assister à cette cérémonie ; par FRANÇOIS LEGALL, sans-culotte bas-breton, le *Décadi*, 10 de *Brumaire*, l'an II de la république.

CITOYENS,

LES mânes, encore sanglans des deux héros dont nous célébrons aujourd'hui la mémoire, doivent sans doute être satisfaits des honneurs que nous rendons à leurs cendres. L'indignation et la tristesse qu'ils voient répandues dans cette nombreuse assemblée, sont pour eux les meilleurs garans des sentimens qui nous agitent. Pleurons, pleurons, ô français ! Dans Lepelletier et Marat, nous perdons deux pères et deux amis ; la patrie, deux de ses plus fermes appuis, et l'humanité deux de ses plus généreux défenseurs.

N'attendez pas, citoyens, qu'à l'exemple de ces panygéristes salariés par les cours pour faire aux dépens de la vérité, l'éloge de leurs esclaves les plus affidés, pour faire disparoître sous les couleurs de la vertu les bassesses qui marquèrent tous les instans de leur méprisable existence, n'attendez-pas, dis-je, qu'à leur exemple, je parle ici le langage du mensonge, que je suive mes héros depuis leurs berceaux jusqu'à l'époque où leurs dépouilles sont devenues la proie des tombeaux. L'existence de l'homme libre ne date que du moment où il commence à se rendre utile à son pays, et prenant nos deux grands hommes à cette même époque, si je parviens à vous donner une esquisse exacte de leurs travaux et de leurs vertus, je croirai leur avoir payé le juste tribut d'hommages que tout républicain doit à ceux que la patrie a proclamé ses vengeurs.

Lepelletier, né dans une classe où le crime étoit souvent regardé comme une vertu quand il avoit pour but l'oppression du peuple, dans une classe où l'impunité marchoit plus souvent encore à côté du forfait le plus atroce, pourvu qu'il ne lésât en rien les prérogatives du despote, Lepelletier, dis-je, pouvoit, à l'instar des monstres dont il étoit issu, opprimer le peuple, alors abreuvé d'outrages, alors obligé de courber sa tête sous le joug de fer dont il étoit accablé, alors forcé de dévorer dans un honteux silence les humiliations de tout genre, dont les nobles et les prêtres le couvroient tout à tour.

Lepelletier, suça peut être dans son enfance, le poison dont sa caste étoit infectée. Mais ses yeux s'ouvrent à la lumière ; il ne voit qu'avec horreur les atrocités dont il est environné. Le doigt de la liberté touche son cœur ; il est embrasé du saint amour de l'humanité, et jure une haine éternelle à ces êtres corrompus, que la nature ne cessa jamais d'abhorer, à ces êtres que la crainte et la superstition, combinées avec notre ignorance et l'impuissance de nous venger, nous firent trop long-tems encenser sous le titre de nobles : il voit que leur plus douce jouissance est de s'enivrer de notre sang, que leur orgueil les porte à croire que le reste des hommes est pétri d'un autre limon qu'eux, qu'ils dégradent l'espèce humaine au point que, selon les expressions d'un sage de nos jours, ils *trouvent étrange que la nature ait daigné accorder aux plebeïens des poumons pour respirer, une bouche pour parler, et des yeux pour voir.* (1). A ce spectacle affreux son indignation est au comble ; il déteste par principes et par devoir ces monstres déprédateurs, et traçant en caractères de feu, tant dans ses écrits que dans ses discours, les sentimens dont il est est animé, il co-opère de la manière la plus efficace à détruire ce colosse d'iniquité, qui outrageoit à la fois, et les hommes et la divinité dont ils ont obtenu l'existence.

Mais, il y avoit une autre classe plus dangereuse encore, parce qu'elle avoit dans les mains des moyens plus puissans et plus redoutables. Les nobles n'asservissoient que les corps, les prêtres asservissoient, et les corps et les esprits. Aidés de l'ignorance, dans laquelle ils se faisoient un devoir d'abrutir l'espèce humaine ; aidés de dogmes ridicules, dont ils empoisonnoient notre enfance, et dont ils se faisoient un cruel plaisir d'alimenter notre jeunesse, et de nous tourmenter jusqu'au tombeau ; aidés, enfin, de tous les prestiges que l'imagination la plus féroce pouvoit enfanter pour avilir le peuple, sous le poids de l'opprobre et de l'ignominie, ils l'étoient encore de la toute puissance du gouvernement. Les despotes étoient intéressés à les maintenir et à les protéger ; car, leur propre puissance n'étant fondée que sur le crime et l'ignorance, ils ne pouvoient avoir eux-mêmes de

____

(1) Mabli, étude de l'histoire.

plus zelés défenseurs, que ceux que leur intérêt personnel portoit à les propager.

Les sacrificateurs de l'antiquité, et ceux des pays où un fanatisme de sang exerce encore ses ravages, eurent toujours des esclaves dont l'emploi principal consistoit à garotter les victimes, afin que le prêtre les immolât sans resistance; et nos prêtres aussi par les soins qu'ils se donnoient pour salir l'esprit national des préjugés les plus grossiers, pour faire au peuple regarder les rois comme des émanations de la divinité et ses représentans sur la terre, lui persuadoient qu'il devoit se croire honoré quand le *prince* s'abaissoit jusqu'à l'opprimer; et le despote alors devoroit le peuple sans crainte d'éprouver le juste châtiment de son atrocité; et le despote à son tour, entouré de gibets et de bourreaux livroit aux supplices les plus horribles, ceux qui repoussoient la coupe d'imposture dont on vouloit les abreuver, ceux dont le courage et la vertu ne pouvoient supporter les vexations iniques de la tyrannie sacerdotale (1).

C'étoit sous cette double oppression sur-tout que les Français trainoient leur pénible existence. Fort de son énergie naissante, fort de l'énergie que commençoient à déployer, ceux dont les ames brûloient comme la sienne de nous tirer de l'état d'abrutissement où nous étions plongés, il porta aussi la destruction dans le sein des prêtres.

La tyrannie étoit nécessairement anéantie, puisque les deux colonnes sur lesquelles réposoit toute sa puissance, n'existoient plus. Mais il ne suffisoit pas de lui donner une mort momentanée, si je puis m'exprimer ainsi. La tyrannie renaît presque tou-

---

(1) Les prêtres n'ont pas seulement opprimé les peuples. Les rois ont aussi éprouvé leur pouvoir dans plusieurs circonstances: sans rappeler ici les actes arbitraires que les papes ont exercé sur ceux de différentes régions

jours de sa cendre, quoique souvent sous des formes différentes; et sans percer dans la nuit des tems, nous trouverons dans plusieurs gouvernemens de l'Europe moderne, des preuves non équivoques de cette vérité.

La Suisse, après avoir brisé les indignes entraves que la maison d'Autriche employoit pour l'opprimer, vécut long-tems sous les loix les plus équitables; et, aujourd'hui la Suisse offre aux yeux de l'observateur, des cantons où la tyrannie commence, sous le nom d'*aristocratie modérée*, à lever sa tête hideuse.

Le Batave, vécut libre et heureux, après avoir brisé le joug qui l'asservissoit à la monarchie espagnole; et aujourd'hui un stathouder méprisable, un magistrat lâche et parjure, va poser les bases d'un trône sur les débris encore fumans d'une liberté qu'il vient de détruire.

Le Suédois éprouva les douceurs qui découlent nécessairement d'un gouvernement étayé sur la justice et l'amour de l'humanité : et le Suédois gémit encore sous le poids honteux de la servitude, sans

---

de l'Europe, soit en les renversant du trône, soit en les soumettant aux affronts les plus sanglans ; par exemple, en en fesant fouetter par leurs cardinaux (ce dernier fait est consigné dans un rapport de François de Nantes, à la première législature) ; sans rappeler tant d'autres abus, je me contenterai de citer un fait rapporté par Diodore de Sicile, livre 3. Les prêtres de Méroé (île du Nil en Éthiopie), toutes les fois qu'ils le jugeoient convenable, envoyoient dire au roi qu'il devoit mourir, et ils en mettoient un autre à sa place ; jusqu'à ce qu'enfin, il s'en trouva un, nommé Ergamène qui, selon toute apparence, ne s'accommandant pas d'un pareil usage, s'y prit comme il faut pour l'abolir. Il monta un jour avec bonne escorte au temple de ces prêtres, situé sur un endroit escarpé, et les fit tous égorger.) Barbeyrac sur Puffendorf, Liv. 7. Chap. 5.

que les efforts du généreux Anckarstrom aient pu le rendre aux droits sacrés qu'on lui a ravis.

Et toi, fière Angleterre, toi qui, par ton orgueil, ten faste et ton opulence, voudrois te soumettre les hommages des autres nations dont tu te regardes déjà comme la souveraine, tu fus libre, quand tu fis rouler sur un échaffaud la tête du tyran qui dévoroit tes enfans, et rongeoit tes entrailles. Tu fus libre...... mais le soleil de la liberté ne brilla pas long-tems sur ta tête. Le féroce Cromvvel, ramassant furtivement les débris de la couronne de Charles, t'opprima bientôt sous le nom de PROTECTEUR; et rempant depuis sous l'aristocratie, tant mercantile que nobiliaire, tu n'es aujourd'hui que le triste et le déplorable jouet d'un homme sans honneur, sans foi, sans probité ; d'un homme, dont le nom seul rappelle tous les crimes ; de Pitt, enfin, qui, à l'ombre d'un roi imbécille (qui devroit moins être ton maître que l'objet de ta risée ou de ta pitié) te corrompt et t'abrutit jusqu'à te faire bénir ton esclavage.

Intimément convaincu que la tyrannie ne quittoit souvent une forme que pour en prendre bientôt une nouvelle, que le moment que l'on regardoit comme celui de sa destruction, étoit souvent celui où elle se préparoit à reparoître avec des forces plus formidables, Lepelletier résolut de l'anéantir, ou du moins de la bannir pour jamais du sein de sa patrie.

Il chercha dans l'histoire des gouvernemens, tant anciens que modernes, la source d'où découloit le pouvoir arbitraire. Il y trouva cette vérité sublime. *Que les peuples ne sont opprimés que parce qu'ils sont ignorans.* Il y vit que les biens et les maux que les hommes éprouvent dans l'état social, sont en raison directe de la connoissance ou de l'ignorance de leurs droits et de leurs devoirs. La cause du mal, étant comme l'application du remède, est facile. Il travailla donc pour éclairer la raison du peuple, pour la prémunir contre les impostures et les séductions des prêtres, en un mot, pour lui inspirer l'horreur la plus vive contre la tyrannie tant politique que sacerdotale.

C'est pour atteindre à ce but qu'il nous donna ce traité d'éducation, qui sera à jamais l'objet de la vénération des français, la terreur du despotisme, et le *palladium* de tous les peuples libres.

O vous! qui croissés encore sous les ailes de la patrie, vous qui sucés encore sa substance pour devenir un jour ses défenseurs, jeunes républicains, c'est à vous, sur-tout, que Lepelletier consacra ses veilles, c'est vous, sur-tout, qui devez recueillir le fruit de ses travaux. Il contribua, il est vrai, à nous apprendre à surmonter les tyrans et à conquérir la liberté; mais c'est à vous qu'il apprend à la conserver. La liberté est un bien précieux qu'il est plus facile d'acquérir que de garder long-tems. C'est un principe clairement démontré par l'exemple de la grande majorité des nations sur lesquelles elle a lancé ses regards. Mais si elles furent privées de ses bienfaits, c'est qu'elles n'eurent pas un homme qui, par ses talens, ses vertus et sa profonde connoissance des biens et des maux qui corroborent ou détruisent la constitution d'un état; c'est, dis-je, qu'elles n'eurent pas un homme qui leur traça les voies pour se maintenir dans une juste indépendance.

C'est donc vous qui devez conserver dans son intégrité, ce dépôt sacré que nous vous avons conquis; c'est par vos soins que la liberté doit s'accroître et prendre de jour en jour une nouvelle consistance. Des hordes de brigands, lâchés contre nous par des despotes réunis pour nous dévorer, coalisent leurs efforts pour porter la hache aux pieds de cet arbre que nous adorons et qui doit un jour ombrager de ses vastes rameaux toutes les nations du monde. Ah ! si par un de ces coups du sort que l'on ne sauroit prévoir, et qui renversent si souvent les combinaisons les plus justes et les mieux fondées, notre sang baignoit les racines de cet arbre chéri ; s'il succomboit sous les coupables tentatives des tygres couronnés, jeunes citoyens, c'est à votre courage, c'est aux vertus sublimes dont Lepelletier pénétra vos ames, qu'il sera réservé de le relever. Instruits des exemples de zèle et d'activité infatigables que nous vous aurons transmis, vous écraserez la tête des tyrans, et nos cendres, quoique froides et inanimées, se réveilleront au bruit de vos triomphes, et partageront les transports que vous éprouvez, à la renaissance de la liberté parmi vous. Mais, que dis-je ?... Nous allons les combattre, ces vils suppôts du despotisme ; ils seront terrassés, et leurs corps, immolés par nos mains, engraisseront le sol sur lequel l'indépendance a fixé son empire.

Lepelletier ne mérite pas seul nos regrets et nos larmes. Le génie qui préside aux destinées de la France, lui envoya un homme doué de toutes les vertus qui constituent le patriote imminent ; c'est MARAT, cet homme infiniment au-dessus de tous les éloges que l'imagination, même la plus féconde, pourroit enfanter, cet homme dont il faudroit vous tracer la vie toute entière, si j'entreprenois de vous exposer ici les traits dont sa carrière fut illustrée.

Agités du démon de l'envie qui se plaît à persécuter les grands hommes ; excités, par leur orgueil offensé, à flétrir de leur venin les palmes dont la patrie reconnoissante récompense le civisme, dont ils ne connurent jamais que le nom, je ne sais quels êtres que l'on ne sauroit comparer qu'à ces insectes rampans qui ne font sentir leur existence que par le mal qu'ils nous font, s'attachèrent à la réputation de Marat; ils censurèrent sa conduite; ils le tourmentèrent toute sa vie, et aujourd'hui même, ils voudroient encore lui ravir un repos qu'il ne goûte, que depuis qu'une main perfidie l'a plongé dans les horreurs du tombeau. Il est à présumer qu'ils auroient été plus pacifiques s'ils avoient été moins ignorans; je veux dire, s'ils avoient mieux connu les motifs qui dirigeoient les opérations de l'ami du peuple.

La grandeur des mesures qu'il croyoit nécessaires pour le salut de la chose commune ne pouvoit répondre qu'à la grandeur de son caractère. Marat sondoit les plaies dont la France étoit affligée; et en en calculant la profondeur, lui seul pouvoit, peut-être, déterminer la qualité du remède qui devoit opérer sa guérison. Il en proposa un violent, il est vrai. Mais un remède, parce qu'il est violent, cesse-t-il d'être nécessaire? Sa force ne doit-elle pas être proportionnée à la grièveté du mal qu'il doit anéantir? Il signala beaucoup de traîtres! Eh! depuis quand donc la justice doit-elle composer avec le nombre de ceux qui ont trempé dans le crime? Il signala beaucoup de traîtres! Mais la suppression de ces traîtres devoit cimenter la liberté et la prospérité de 24 millions d'hommes; mais la suppression de ces traîtres devoit assurer à jamais la félicité des générations futures; mais enfin la suppression de ces traîtres devoit faire luire l'astre du bonheur sur l'humanité toute entière.

Cette mesure étoit peut-être la plus expéditive pour sauver la France et délivrer le monde. Une fatale expérience ne nous le démontre que trop.

Qui empêche la liberté et l'égalité de verser

sur notre existence tous les bienfaits qu'elles nous promettent ? Sont-ce les puissances étrangères ? Quoi ! ces puissances qui ont si souvent éprouvé la force et la valeur de nos guerriers ! Quoi ! ces phalanges dont les ames sont blasées sur tous les sentimens, ces hordes d'esclaves mercenaires, toujours pâles et tremblantes à l'aspect de leurs maitres, et dont l'unique mobile est le *bâton* dont on les menace ! Sont-ce ces puissances enfin qui, pour enchainer nos villes, ont été forcées de recourir aux plus infâmes trahisons, à l'égard de soldats qui combattoient contre elles avec cette loyauté qui caractérisa toujours la nation française, lors même que ses bras étoient flétris par des entraves ? Non, non, citoyens, ce ne sont pas ces puissances qui ont mis les plus grands obstacles à nos triomphes ; ce sont les traitres, et c'étoit la chute des traitres que Marat demandoit en holocauste à la vengeance nationale ; ce sont les traitres qui obstruent tous les canaux de la prospérité publique, et qui, en méditant notre ruine, veulent entrainer avec nous les générations suivantes et l'univers entier dans un gouffre de maux incalculables. Car ils savent que, si la république pouvoit périr leur victime, la liberté, étouffée dans le sein de la France, disparoitroit pour jamais de dessus la terre.

Des hommes, cependant, guidés par une sensibilité *féroce*, se déchainent de concert pour couvrir de dénominations affreuses, l'ami des Français et du genre humain. Ils appellent cruel, celui dont le cœur ne palpita jamais que pour bien être des hommes, celui qui sacrifia son repos, ses intérêts personnels, et les douceurs qu'auroit pu lui procurer une vie plus aisée, s'il avoit été plus égoïste ; ils appellent, dis-je, cruel, celui qui sacrifia tout au bonheur de ses semblables.

Mais examinons un peu ces ames *sensibles* qui prodiguent à Marat des brevets de cruauté et de barbarie.

Vous l'appelez cruel, vous prêtres, parce qu'en co-opérant à déchirer le bandeau de la superstition dont vous aviez couvert les yeux du peuple, il vous ôta les moyens de végéter dans les bras d'une mollesse scandaleuse ; vous, ci-devant nobles, parce qu'il contribua à abolir vos funestes privilèges ; vous, généraux perfides, dont il dévoila les intrigues criminelles ; vous, qui chargés de l'or de Pitt et de Cobourg, ne négligés rien pour semer parmi nous la discorde, et pour acheter des esclaves aux tyrans armés contre nous. Vous, vils acapareurs, marchands iniques, financiers impitoyables ; vous tous enfin qui, dans vos spéculations barbares, calculant vos fortunes et vos jouissances particulières sur les besoins et les calamités du peuple, vous abreuvés de ses sueurs et vous engraissés de sa substancee !

Monstres ! et c'est vous qui osés l'accuser de cruauté ! ignorons-nous donc que c'est par vos mains que le sang de nos frères a ruisselé sur l'autel de la patrie ? Ignorons-nous donc que c'est par vos machinations odieuses que nos villes sont devenues la proie des despotes ? Ignorons-nous donc que c'est par vos trames abominables que l'étendart de la rebellion a flotté et flotte encore parmi nous ; que vous avez embrasé les rives de la Vendée, en y lançant le brandon du fanatisme ? Ignorons-nous donc que ces par vos instigations infâmes, qu'au mepris de tous les droits, les valets de Georges, ont terminé par le cordon, les jours d'un homme, dont tout le crime à leur égard, et au vôtre, étoit d'être investi de la confiance d'un grand peuple ? Ignorons-nous donc tant d'autres forfaits, dont le moindre suffiroit pour vous vouer à l'exécration des peuples les plus barbares ? allez ; *ames tendres et conpatissantes*, allez prêcher vos maximes de sensibilité , parmi les tygres qui ravagent les forêts de l'Hircanie. Que dis-je ! Les tygres eux-mêmes vous respueront de leur sein. S'ils sont féroces, c'est par instinct, et vos principes n'inspirent que la destruction de vos frères.

Monstres , voilà votre ouvrage ! voilà où tend cette pitié qui ne demande que du sang *!* rougissez, si vos fronts marqués du sceau de la scélératesse , sont encore capables de rougir : roigissez........ sinon, frémissez. Car ceux qui immolent ou qui voudroient immoler des millions d'hommes à leurs intérêts personnels , méritent le nom de cruel , et celui qui , pour poser sur des bases éternelles le bonheur de l'humanité toute entière, demande que les méchans soient supprimés , mérite le nom d'ame sensible et généreuse.

Marat travailla donc constamment au bien de sa patrie. Sa conduite ne démentit jamais les principes dont il se fesoit un devoir indispensable de nourrir l'esprit de ses concitoyens. Une fatalité que l'on ne sauroit définir, parce que toujours bisare dans ses arrêts, elle s'étendie souvent à persécuter ceux qui par leur vigilance, et leurs travaux , se sont rendus les plus dignes de notre vénération, une fatalité , dis-je, le ravit à la France et au monde.

Socrate est abreuvé de cigue , parce que l'austérité de ses principes , et encore plus celle de ses mœurs , étoient une censure continuelle de la dépravation des habitans d'Athènes. Cet homme qui sema sur les bords du Jourdain cette morale sublime qui le fit regarder comme un dieu, Jésus, expire dans les outrages et les supplices , parce qu'il poursuivit les nobles de son tems , parce qu'il démontra l'absurdité de la doctrine dont les prêtres entretenoient la stupide crédulité des juifs. Lepelletier meurt sous le fer d'un assassin, parce qu'il a voté pour la mort du tyran; et toi, Marat! parce que tu demandes que le glaive de la loi frappe les tygres qui déchirent le sein de ta patrie, tu succombes sous le couteau d'un monstre issu de l'accouplement impur de Buzot et du fanatisme..........

Français! il me semble le voir employer le reste de ses forces épuisées, pour repousser la main atroce qui, en le ravissant à notre amour, va étendre un crêpe funèbre sur toute la république. Ce n'est pas que la mort soit assez puissante pour l'effrayer. Il sait que la mort est le repos du sage, et qu'on naît à l'immortalité quand on périt victime de ses vertus et de son zèle pour la prospérité de sa patrie. S'il veut respirer encore, c'est que se rappellant les bénédictions infinies dont le peuple l'avoir comblé, il croit que sa vie et ses travaux lui seront encore utiles....... Baigné dans son sang, en proie aux douleurs inexprimables auxquelles le livre sa blessure, il lève au ciel ses yeux que le doigt du trépas se prépare à fermer pour jamais; il les tourne sur son assassin...... Son cœur veut lui pardonner..... Mais l'humanité réclame, et lui crie, que c'est un crime de pardonner aux oppresseurs de son pays. Il expire....

Citoyens! où donc est votre énergie? Marat n'est plus! Et ceux qui ont machiné sa mort vivent encore! Que dis-je! ils osent même lever leurs fronts audacieux. Ils semblent nous braver; ils trament des complots encore plus perfides; ils s'applaudissent de leurs forfaits; ils se disposent à faire tomber sur nous tout le poids de leur rage. Citoyens, levons-nous. Frappons: vengeons-nos pères qu'ils ont égorgés. Il s'agit ici d'une guerre à mort, entre le crime et la vertu. Eh bien ! que la vertu triomphe ! Que le sang des traîtres inonde l'autel de la justice nationale, et le crime qui les enfanta sera rélégué dans les enfers.

Ciel ! Qu'entends-je ! quel spectacle se présente à ma vue......, Citoyens ! c'est Marat........ Sa plaie saigne encore ; mais la sérénité qui brille sur son front annonce la félicité dont il s'ennivre dans le sein de la divinité. Oui ; c'est Marat, qui, cédant à l'impulsion de la tendresse qu'il vous porta toujours, quitte le séjour du bonheur pour vous entretenir encore une fois de ses maximes philantropiques, qu'il se fit un devoir de graver dans le cœur de ses frères.

MARAT
AUX FRANÇAIS, (1).
Ou la liberté universelle.

DES rois avides de carnage,
  Des prêtres armés de poignards,
  Des nobles guidés par la rage,
  S'offrent par-tout à mes regards !
  Français ! lancez votre tonnerre !
  Que ces brigands soient terrassés,
  Et sur les trônes fracassés,
  Que la paix gouverne la terre !
Tonnez ! frappez ! vengez l'humanité !
Au monde entier rendez la liberté.

---

(1) Il y a un an que j'ébauchai quelques strophes sur la liberté universelle. Je ne les rendis pas publiques, parce qu'elles ne me parurent pas dignes de l'être. Si elles sont déja connues, c'est sans mon consentement Ainsi, je me crois en droit de prendre celles que j'ai jugé les meilleures, et de les intercaler dans l'hymne que je mets dans la bouche de MARAT.

Courbé sous le poids des outrages,
De mille tourmens déchiré,
Par des moines antropophages,
Je vois l'Espagnol dévoré !
Ah ! déjà les buchers s'allument ! . . . .
Entendez vous ces cris perçans ?
Vers vous vos frères expirans,
Tendent leurs bras qui se consument !
Tonnez ! etc.

à, sous la verge meurtrière
D'un prêtre de sang altéré,
Le fier romain, dans la poussière, .
Roule son front déshonoré.
Il brûle de rompre ses chaînes,
Il sent renaître ses vertus,
Le sang généreux des Brutus,
Bouillonne .encore dans ses veines.
Tonnez ! etc.

Eh quoi ! cent peuples magnanimes
Seroient abrutis dans les fers,
Par des nobles pétris de crimes
Et l'opprobre de l'univers !
Non , Non : jusques dans leur repaire,
Frappez ces monstres destructeurs ,
Long-tems leurs sanglantes fureurs ,
Ont fait gémir toute la terre.
Tonnez ! etc.

Tournez contre ces rois perfides ,
Leurs couteaux encore tout fumans ;
Près de ces vils populicides ,
Les Nérons seroient des Trajans :
Ciel ! pour affermir leurs couronnes
Ils epuisent tous les forfaits ,
Et dans le sang de leurs sujets
Ils font déjà flotter leurs trônes.
Tonnez ! etc.

Les phalanges du despotisme
Vont s'élancer de leurs tombeaux,
Si de l'horrible fanatisme
Vous n'écrasez tous les suppôts.
Quoi ! par eux , quoi ! par leurs maximes,
Les rois seroient des immortels,
Les trônes seroient des autels ,
Les peuples seroient des victimes !
Tonnez ! etc.

L'homme ne doit avoir pour maître ,
Que le sceptre sacré des loix ;
Plus de roi, de noble , de Prêtre,
Voilà le but de vos exploits.
Du malheureux que l'on opprime
Soyez toujours les défenseurs ,
Mais , point de grace aux oppresseurs. . . . .
La clémence, alors, est un crime.
Tonnez ! etc.

————————

L'assemblée générale de la section des Champs
Elisées, dans sa séance du 30 du premier mois
de l'an deuxième de la république française, une
et indivisible , a arrêté que le discours et le présent
hymne, sous le titre de MARAT, aux français, ou
la liberté universelle, de la composition du citoyen
FRANÇOIS LEGALL , seroient imprimés, envoyés à
toutes les autorités constituées , aux sections et
sociétés populaires de Paris.

LAMAIGNÈRE, Président.

HUET, Secrétaire-Greffier.

De l'Imprimerie de J. P. BRASSEUR, rue Saint-Honoré,
N.º 431.